君たちはどう乗り越える？

世界の対立に挑戦！

監修●小林 亮

3

共生はどこにある？

かもがわ出版

もくじ

テーマ❶

言葉や習慣のちがう人と 仲良く暮らせる？

移民を積極的に受け入れるべき
VS 移民の受け入れにしんちょうになるべき

この本の見方　この本は1つのテーマを4見開きで展開しているよ。

1 どんなことがきっかけで、どんな対立が起こったのか、あらましを伝えています。

対立の背景となったことがらを解説しています。

2 対立をしている両方の立場と言い分を、説明しています。

対立の構図を図式化しています。

両方の立場と言い分の背景について解説しています。

3 対立の原因をさらに深くさぐっています。

子どもたちがそれぞれの視点から解決への道をさぐります。あなたも考えてみてください。

4 このテーマの問題点を整理しています。

発展的な話題を出しています。

これからどうするとよいか、意見が出ています。あなたも意見を出してみてください。

はじめに

どうして世界は対立してしまうの？

　世界では多くの争いが起きています。ロシアによるウクライナ侵攻は解決のめどが立ちません。イスラエルとパレスチナのあいだの紛争にも、解決のいとぐちは見えていません。世界各地でこうした衝突が起こり、犠牲者が出続けているのはなぜでしょうか。それは文化や民族によって「何が正しいか」という価値観が異なるからです。対立するどちらの側も「自分たちは正しいのに、あちらは道義的にまちがっている」と考えているからです。このような対立は、地球温暖化など人類が協力して取り組まなければならないグローバルな課題（SDGs）に効果的に対処する上で障壁になっています。それでは「正義の対立」を乗り超え、国家や民族が平和に共生していくためには何が必要なのでしょうか？　本書では「正義の対立」の具体的な事例をいくつか取り上げ、対立する立場それぞれの言い分を紹介します。そして対立の構図をどうしたら乗り越えてゆけるかを一緒に考えてゆきます。みなさん自身も本書を読み、あなたと異なる道徳観をもった人々とどう共生できるかを考えてみて頂けたら幸いです。

小林 亮

わたしたちは、考え方のちがいで、
だれかの人権を無視していないかな？

わたしたちが生きている世界では、
いつもなんらかの対立が起きている。

新しいルールを決めようとするとき、
何か課題を解決しようとするとき、
文化や歴史、立場によって価値観が異なる
国どうしで、あるいは、同じ国のなかでも
対立が生まれてしまうことがある。

そして、それぞれ自分たちの意見や価値観が
正しい、正義だと主張するから、対立は深刻化してしまう。

でもそもそも、自分にとっての正義が、かならずしも
相手にとっての正義になっていないということはないのかな？
正しさって、本当にひとつしかないのかな？

もし、国や国民を守ろうとして、外国からやってくる人に対して
きびしい決まりを設けたことが、その人の命にかかわってしまうとしたら？
もし、自分の国の素晴らしい文化や遺跡が、ほかの国の人に迷惑を
かけてしまった歴史があり、そのことで彼らに不快な思いをさせていたら？
もし、いくつかの国の人が同じ土地に対して自分たちのルーツを感じて、
その土地を自分たちだけで大切にしたいと考えたら？
かたほうの正義は、もうかたほうの権利を侵害しないのかな。

この巻では、3つの話題を取り上げて、正義と共生について考えてみるよ。
さあ、次のページから見ていこう。

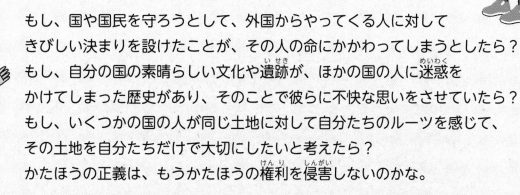

言葉や習慣のちがう人と仲良く暮らせる？

移民を積極的に受け入れるべき vs 移民の受け入れにしんちょうになるべき

生まれ育った場所から移動し、新しい場所で生活を始めた人を「移民」といいます。
現在の日本は、外国からの「移民」が増えている国の一つです。

小学校４年生の未来と６年生の理生のお父さんは、地域（ちいき）の国際交流サークルで活動しています。外国から来た子どもや若者（わかもの）との交流会に、未来と理生も参加しました。

> こんにちは。みなさんのお名前を教えてください

> 周です。日本の大学に留学するために中国から来ました。

> リーです。技能実習でベトナムから日本に来ました。去年から野菜農家で働いています。

> ぼくは理生といいます。よろしくお願いします。

> サントスです。ブラジルから来たけれど、ぼくのおじいちゃんは日本人です。

> わたしは未来です。みなさん、いろいろな国から来ているんですね。

日本にいる外国人はどんな人？

日本には2022年末の時点で300万人以上の外国人が住んでいます。これは日本の人口の約２％にあたります。国別にみると、中国、ベトナム、韓国（かんこく）、フィリピン、ブラジルの順に多く、アジア出身の人が多いことがわかります。日本で生活する外国人は、在留資格を日本の出入国在留管理庁（しゅつにゅうこくざいりゅうかん・りちょう）からもらう必要があります。

在留資格によってできることがちがう外国人

在留資格にはさまざまな種類があり、それによって、つくことができる仕事や日本で生活できる期間が異なります。現在日本で暮らす外国人のうち約86万人が、「永住者」の在留資格を持っています。これは長く日本に住み、安定した生活を営んでいる人が取得できる在留資格です。働ける職種や滞在期間は制限されていません。

どの在留資格でも、働いて収入を得れば税金をおさめる義務があります。いっぽう日本の選挙で投票したり立候補したりする参政権はありません。

働くことが認められていないもの
観光、留学など

働くことができるけれど、仕事の範囲が決まっているもの
技能実習、医療、介護、調理など

自由に仕事を選んで働くことができるもの
永住者、定住者など

技能実習生と日本の建前

日本で暮らす外国人が増えていることについて、「日本の文化や伝統を守れなくなるのではないか」「日本の良さが失われてしまうのではないか」と不安を持つ人もいます。こうした声を受け、これまで日本政府は公式には移民を受け入れる政策はとらないと言い続けてきました。

そのいっぽうで、人手不足に悩む産業を支えるため、働き手としてたくさんの外国人を受け入れています。なかでも多いのが「技能実習」の在留資格で働く技能実習生です。技能実習は途上国出身の人に研修をおこない、帰国後、母国に日本の技術を伝えてもらうことを目的として始まった制度でした。しかし、実際には人手不足をおぎなうための人材となっています。

技能実習の在留期限は最長5年で、その間、職場を変えることは許されていません。そのため雇い主が技能実習生を低賃金で長時間働かせる職場もあり、国内外から批判をあびています。

7

考えA
●経済が大切●
移民を積極的に受け入れるべき

人の移動は世界中で起きている

　出身国以外で暮らす移民の数は、世界中で増えています。出身国が経済的に貧しいことや、紛争、災害によって安全に暮らせないといった理由から、国外へ仕事を求めて移住し、生活を築いています。

　移住先をさがしている人から見ると、日本はほかの国にくらべ、在留資格が取りづらいといった短所があります。もっと移民が日本に来やすくなるように、制度を改善すべきだという意見が近年高まっています。

移民が日本の経済を支えてくれる

　日本では生まれてくる子どもの数が減少し、お年寄りの割合が増える高齢化が進んでいます。その結果、働く人の数が減り、人手不足に悩む職場では外国から来た人に働いてもらわなけれ

たくさんの外国人が働いて、日本の社会を支えているよ。力を合わせて、日本をもっと良くしていきたいな。

ばならなくなっているのです。国際協力機構（JICA）の調査結果では、日本が成長を続けるには2040年の時点で674万人の外国人労働者が必要になるとされています。

　働く人が増えれば、その分税金などをおさめる人も増え、国が豊かになります。また日本国内で物を買う消費者も増え、社会全体のお金のまわりがよくなります。

　また外国人が増えることで、異文化にふれたり学んだりする機会ができ、日本の社会にも良い影響があると考えられています。

●日本らしい生活を守りたい●
移民の受け入れにしんちょうになるべき

同質なものに安心する日本人

　四方を海に囲まれた日本は、江戸時代に外国との交易を絶つ「鎖国」をするなど、海外との関わりが少ない時期が長く続きました。そのため、似たような考え方をする人が多くなり、協調性を重んじる社会ができあがっていきました。

　第二次世界大戦後まもなく積極的に移民を受け入れてきたヨーロッパに対し、日本で働く外国人が増えはじめたのは、1980年代後半からです。急速に外国人が増え、異なる文化が持ちこまれることに抵抗感をもつ人もいます。

受け入れの前にやるべきことがある

　日本人は異なる文化や言語をもつ人と暮らしてきた経験が少なく、外国から来た人が必ずしも日本で心地よく暮らせていない現実があります。言葉の壁もそのひとつです。

職場や近所で急に外国人が増えたら、言葉が通じないし、どうしたらいいか困ってしまうと思う。

　移民の受け入れにあたって日本は、外国人にただ働き手になってくれることを期待するのでなく、外国人が暮らしやすいしくみを整える必要があります。たとえば、日本語の学習支援や、住まいを借りやすくするための支援、子育てする人や子どもの教育への支援などです。

　現在の日本ではそれらが整っているとは言えませんが、整えるためには時間も労力もかかるという現実があります。支援が不十分なまま移民の受け入れを広げるのは無責任だという意見があります。

問題の多い日本の出入国管理

在留期限が切れると収容されることも

　現在は世界じゅうで人の移動が活発になっていますが、どの国でも外国からの移民は、在留資格を得て、滞在期限を守らなくてはなりません。

　日本にいる外国人は在留資格や期限が書かれた、在留カードをいつも持ち歩くことが義務づけられ、ときどき警察官がぬきうちチェックをおこなっています。

　在留期限をすぎてしまった人は、日本から出ていくように求められます。それでも事情があり国に帰ることを望まない人は、すべて出入国在留管理庁の収容施設に入れられることになります。ほかの国にも収容施設はありますが、日本の収容施設はとくに自由が制限され、収容期間が長すぎる

こと、病気になっても十分な治療が受けられないことなどが問題となっています。

▶ 考えてみよう！ **テーマ1** 在留カードのチェックや収容のこと、どう思う？

悪いことをたくらむ人が日本に来ると困るから、チェックするのは当然だと思う。

在留期限が切れてしまったけれど、「母国は紛争をしていて命が危ないから帰れない」という人もいると聞くよ。

警察に在留カードをチェックされているとき、周りから悪いことをした人じゃないかと見られるのがいや。

人を傷つけたり盗んだりしたわけでもないのに、収容されるというのは、きびしすぎる気がする。

日本に住むには在留資格がなければならない。その管理をめぐって悲しい事件も起きているんだ。

入管施設で亡くなった女性

2017年、スリランカ人のウィシュマさんは、日本語を学ぶため「留学」という在留資格を取って来日しました。しかし、いっしょに暮らしていたスリランカ人の恋人から暴力を受けて学校を休みがちになり、また授業料の支払いがおくれたことから、学校をやめさせられ、在留資格を失いました。

恋人の暴力から逃れるため、警察にかけこんだウィシュマさんは、在留資格がないため収容施設に入れられました。そこで「帰国したら罰をあたえる」という、恋人からの脅迫状を受け取ったウィシュマさんは、スリランカに帰らず日本に残ることを望みました。その後ウィシュマさんは急に体調が悪くなり、何度も治療を受けたいとうったえましたが取りあってもらえず、施設の中で亡くなってしまいました。

テーマ2 ウィシュマさんの事件についてどう思う？

助けを求めて警察にいったのに収容されて、亡くなってしまうなんて。

SNSでも「外国人は出ていけ」というコメントを見ることがあって悲しくなります。ただ働いているだけなのに。

日本人が「助けて」といったら同じように無視したかな。外国人に対する差別があったんだと思う。

こういうことを聞くと外国の人に「日本に来てください」とは言いにくいな。

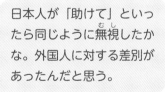

日本人にも外国人にも暮らしやすい社会とは？

まずはコミュニケーションが大切

1980年代以降、急速に外国人の住民が増えた日本では、まだ異なる文化の人と接することにとまどっている人も少なくありません。「外国人はこうだ」といった偏見を持つ人や、SNSで外国人に対するデマを見てそれを信じこんでしまう人もいます。

しかし、直接会って話したことがきっかけで、自分の中の偏見に気づき、人間同士のつきあいができるようになることもあります。

すでに現在の日本では、外国人の働き手がいなければ生活は成り立たなくなっています。まず身近にいる外国人とコミュニケーションをとることが、だれでも暮らしやすい社会を築いていく一歩といえるかもしれません。

調べてみよう！ あちこちの市町村で日本人と外国人が交流するイベントが開かれているよ。どんなことをしているかな？

外国からの移民と仲良く暮らすには、どうしたらいいかな？

自動で翻訳できるスマホのアプリもある。こういう技術を使ったらだれでもコミュニケーションがとりやすい。

日本で暮らすなら日本人が大切にしてきた伝統やマナーは私たちも守るべきだと思います。ただ知らないことが多いから教えてほしい。

外国の料理とか音楽とか教えてもらいたいな。楽しいことをするのに、国のちがいなんて関係ないと思う。

日本は難民に冷たい？

「難民」とは、人種、宗教、国籍や政治的な考えを理由に母国で命の危険にさらされ、国外に逃げてきた人のことをさします。国際的な取り決め「難民条約」では、難民の生活を守ることを約束していて、日本もこの条約に加入しています。

しかし、毎年数万人以上の人が、難民として日本に滞在することを求めているのに、政府が難民として認定し、支援をおこなっている人はごくわずかです。その理由について国は、「審査の結果、難民として認められる人は少ない」と説明していますが、一人あたりの審査にかける時間が短すぎる、といった批判もあります。

難民申請者の数と難民認定者の数

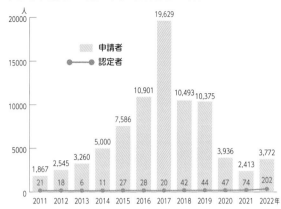

出典：「日本の難民申請者・認定者推移」難民支援協会

いっぽう、2022年にロシアとウクライナの間で戦争が起こり、日本国内でウクライナへの関心が集まると、政府はいちはやくウクライナから避難してきた人々に対して、在留資格を与えることを決定しました。

また同じ年には軍事政権が制圧したアフガニスタンから逃れてきた147人が難民として認められました。その多くは日本の大使館で働いていた人と家族で、日本政府に貢献したことが早い認定につながったといわれています。

たとえば…

●日本は難民に対して冷たいと思う？

難民として認められる人が少なすぎるし、特定の国や職業の人だけ保護されるのは公平ではない気がする。

審査をゆるくすると、難民でない人まで難民として認められて混乱が起こりそう。やっぱり審査はある程度厳しくおこなうべきだと思う。

世界遺産はだれのためにある？

国家間の歴史 vs 文化遺産としての価値

日本は佐渡島に伝わる金山の世界遺産登録をめざしていますが、
これについて韓国から抗議の声があがっています。

夏休み、小学5年生のヨウと3年生のハナは、お母さんの生まれ故郷、新潟県の佐渡島に家族で遊びに来ました。おじいさん、おばあさんの家にいとこの家族も集まって、にぎやかです。そこで、ふたりは佐渡島の金山が日本政府から世界遺産に推薦されたという話を聞きました。けれども、おとなりの国、韓国から抗議の声があがっているようです。

世界遺産ってなに？

世界遺産は人類共通の財産を守り、未来に伝えていこうとする活動で、国際連合の機関の一つユネスコの世界遺産委員会が審査、登録手続きをおこなっています。世界遺産には、人類の歴史を伝える記念物、建物、遺跡などの「文化遺産」、自然や美しい景色などの「自然遺産」、その二つがあわさった「複合遺産」の3種類があります。2023年10月時点で世界には1199件、日本には25件の世界遺産があります。

佐渡市は、佐渡島の金山の世界遺産登録を願っているのよね。

長年の夢だからね。

でも、韓国は徴用工（→15ページ）の強制労働（→15ページ）があった場所ということで、よく思っていないんだ。

文化遺産の価値を決めるのに、歴史がからんでくると複雑ね。

＊ユネスコ…第二次世界大戦後、国同士の文化交流を進め平和な世界を築く目的で創設された。

世界遺産登録をめざしてきた佐渡島の人々

　佐渡島にはかつて金銀の鉱石の採掘をおこなってきた鉱山のあとがあります。江戸時代には、世界有数の金の産出量をほこりました。江戸時代に掘られた坑道や、鉱山の開発にともなって発展した集落のあとも残り、当時の繁栄の様子を知ることができます。

　新潟県は佐渡島の金山が世界遺産に登録されることを願い、2007年から日本政府に提案書を提出してきました。そして2022年に世界遺産の候補としてユネスコへ推薦されることが決定したのです。

　ところが、韓国の外務省はこの決定に対して、「残念に思う」という意見を示しました。

佐渡島の金山

相川金銀山
相川鶴子
金銀山
西三川砂金山
佐渡島

佐渡島の金山と韓国

　日本は1910年に韓国を併合し、1945年に日本が第二次世界大戦で敗れるまでの間、支配していました。1937年に日中戦争がはじまると、武器を輸入するため大量の金が必要となりました。佐渡島の金山で金を採掘する労働者が不足し、韓国からも人が集められました。

　そのなかには自分の意志に反して強制的に日本に連れてこられた人もいました。こうした人たちを「徴用工」といいます。かつて徴用工だった人は、「日本に連れてこられ、家族とはなればなれになった」「過酷な労働のために体をこわした」「日本人よりもずっと安い賃金で働かされた」と証言しています。これが韓国政府が佐渡島の金山の世界遺産登録を歓迎できない理由です。

●国家間の歴史●
強制労働があった歴史を無視しないで

韓国から見た日本の歴史

韓国が日本の世界遺産登録について抗議をしたのはこれが初めてではありません。2015年に「明治日本の産業革命遺産」として、炭鉱、鉄鋼業、造船業に関する遺跡が登録されたときも、一部で徴用工が働かされていたという理由から抗議をしました。日本は強制労働の歴史を無視しているというのが当時の韓国政府の主張でした。

ユネスコの世界遺産委員会も、登録にあたって日本側は徴用工の歴史について説明をつくすべきと、意見を表明しました。

韓国併合によって起きたこと

日本は1910年、「韓国併合に関する条約の調印」をせまり、朝鮮半島を日本の統治下に置きました。日本政府が置いた「朝鮮総督府」が政治、法律をつかさどることになりました。日本が進めた土地調査事業の結果、土地を失った人も多くいました。

日中戦争がはじまると、日本政府は朝鮮半島の人びとも「日本人」として戦争に協力するように、学校で日本語の教育をすすめ、朝鮮語を禁止したり、強制的に名前を日本人らしいもの

日本は戦争中に韓国にしたことをわすれているみたい。なかったことにしないでほしい。

に変えさせたりしました（創氏改名といいます）。また「従軍慰安婦」とよばれる、戦争中に日本兵の相手をさせられた女性もいました。

韓国併合後の日本には徴用工のほかにも、仕事を求めて日本に来る人がいましたが、さまざまな差別にあいました。1923年の関東大震災のあとには、「朝鮮人が井戸に毒を入れている」というデマが流れ、無実の朝鮮の人が数多く虐殺されています。

こうした歴史を日本にわすれてほしくないというのが、韓国の人びとの気持ちなのです。

●文化遺産としての価値●
歴史問題と文化遺産の価値は分けて考えて

推薦されたのは江戸時代の遺跡

世界遺産に推薦された佐渡島の金山の遺跡は、江戸時代につくられたもので、徴用工が働かされていた時代よりも、200年以上も前のものです。そのため日本政府は「世界遺産の登録と、徴用工の問題は直接の関係はない」と、考えています。

また徴用工の問題があったとしても、佐渡島の金山は、文化遺産として価値が高く、世界遺産に登録されるべきものだと考える人も多いのです。

佐渡島の金山の価値

日本が江戸時代に入ったころ、海外では機械による鉱石の採掘が主流になっていましたが、佐渡島の金山では、伝統的な手作業で採掘をおこなっていました。金を取り出す精錬や、小判の鋳造までの作業も、佐渡島のなかで手作業でおこなわれていたのです。佐渡島の金山の産出量は世界トップレベルで、質も高いものでした。

佐渡島の金山は世界遺産として認めてもらうのに条件を満たしている。その価値は認めるべきだと思う。

佐渡島の金山で鋳造された小判は、日本と交易していた中国、オランダにもわたりました。

世界遺産に登録されるには、建物や遺跡の材質や形状が当時のまま保存されていることが条件となりますが、佐渡島では江戸時代の坑道や建物、江戸時代の様子をかきしるした絵巻物がよい状態で残っています。

こうしたことから佐渡島の金山の価値は高く、ぜひ世界共通の財産として未来に残していくべきだというのが、世界遺産登録をめざす人びとの考えです。

韓国はなぜ抗議したの？

日本は韓国にあやまっていない？

　韓国併合によって、日本は韓国の人びとにさまざまな苦痛をあたえました。こうした反省をもとに、日本は1965年、日韓基本条約を結び、韓国に経済支援をおこないました。

　けれどもそれは当時の政府の間でおこなわれたことで、必ずしも韓国の国民が納得したわけではありませんでした。また、苦痛を受けた一人ひとりに対しては賠償金が支払われることもありませんでした。そのため徴用工だった人や従軍慰安婦とされた女性たちは、現在でも日本からの「謝罪」は終わっていないととらえています。

　また日本のなかでは韓国併合を「日本の防衛のためにしかたがなかった」「日本の統治のおかげで

韓国は近代化した」と正当化しようとする人もいます。これも韓国の反発を招く原因となっています。

▶ 考えてみよう！　テーマ1　国家間の賠償問題、どう考える？

自分の国の利益のために他の国を支配してもいいなんて理屈が通ったら、世界中が戦争だらけになってしまうね。

国と国との賠償は済んでいるんだから、韓国政府が苦痛をうけた国民を支援するのはどうかな。

日本は韓国以外にフィリピンなども占領していたけれど、そうした国にはどんな賠償をしたのかな？

国民が納得していないまま経済支援を受けたのなら、韓国の政府のやり方にも問題があったのかなと思う。

日本と韓国は歴史をどう見ているのかな？
これからどうつきあっていくのがよいかな？

結びつきの深い日本と韓国

　日本と朝鮮半島との交流は、古くは縄文時代からあり、稲作や鉄器、漢字などさまざまな文化が朝鮮半島から日本にもたらされました。現在でも、日本と韓国の間では貿易がさかんです。

　また日本の若い世代では、韓国のドラマやアイドルが好きで、韓国語を学ぶ人も増えています。韓国でも日本のアニメに親しんでいる人が大勢います。

　日本と韓国の間には、過去の戦争についてむずかしい問題がたくさんありますが、結びつきの深いパートナーでもあるのです。相手を尊重し、よりよい関係を築いていくにはどうしたらよいか考えていく努力が必要です。

テーマ2 日本と韓国はこれからどうつきあっていくべき？

親が悪いことをしてもその子どもに責任はないよね。だから、過去に日本がしたことをどこまであやまるのか、線引きが必要だと思う。

旅行や留学、SNSなど韓国の若者と交流する機会はたくさんあるよ。そういう機会を増やして、友好を深め合いたいね。

もしわたしが韓国の人だったら、過去の戦争について「自分たちは悪くない」と言われたら、いやだと思うはず。

韓国のアイドルが大好きだし、日本を好きな韓国人もたくさんいる。おたがいのいいところを見ていきたいな。

世界遺産の本当の価値とは？

歴史を見つめ文化的価値を認める

世界遺産に登録される遺跡は、「人類共通の財産」といわれています。どれも歴史的価値の高いもので、世界じゅうの人々が観光に訪れます。

けれども、そうした遺跡のなかには、当時生きていた人々の苦しみの上に築かれたものも少なくありません。ドイツの世界遺産「エッセンのツォルフェライン炭鉱業遺産群」があるルール地方では20世紀前半、戦争の捕虜などを強制的に働かせていました。ルール地方の資料館では、こうした歴史も展示しています。

自分たちの国のかがやかしい歴史を示すだけでなく、あやまったおこないについても認め、明らかにしていくことで、より世界遺産としての価値が高まるという見方もできるでしょう。

▶ 調べてみよう！ 世界遺産になっているものと、その歴史を見てみよう。

ほかの世界遺産でも戦争や奴隷制度など、悲しい歴史がかくれていることはあることだ。

観光案内に徴用工のことを書くのはどう？悲しい歴史があったとしても価値は変わらないし、韓国にも納得してもらえると思う。

たとえ悲しい歴史があったとしても、価値のあるものは未来に残していくべきだと思う。

どこの国の歴史にも良い面と悪い面はあると思う。悪かったところを認めることは大事だよね。

悲劇を伝える世界遺産

第二次世界大戦中の1945年8月6日、アメリカが日本の広島県に落とした原子爆弾は、約14万人の命を一瞬にしてうばいました。爆心地にあった建物は軒並み焼け落ちたなかで、広島県産業奨励館の骨組みだけが奇跡的に残り、原爆ドームとよばれるようになりました。

原爆ドームは、人類の歴史を未来に引き継ぐために大切な遺産として、1995年に世界遺産に登録されました。現在、原爆ドームには世界じゅうの人々が訪れています。原爆のあとを残したゆいいつの建物として、平和の

大切さを伝える役割を果たしています。

しかし、戦後まもないころは、被爆した市民の間から「原爆ドームを解体してほしい」という声も強くありました。原爆ドームを見ると、悲惨なできごとを思い出してしまう、というのが理由でした。

同じように、2011年に東日本大震災で被害を受けた東北地方では、震災の傷あとが残る建物を保存するか解体するかで、意見が分かれました。

みなさんはどう考えますか？

●震災を伝える建物、残したほうがよい？

時間がたてば恐ろしいできごとはわすれてしまう。将来同じことが起こらないようにするためにも建物を残したほうがいい。

VS

家族を亡くした人は建物を見るだけでつらいと思う。保存するにはお金もかかる。それなら防災対策にお金を使ったほうがいい。

この土地はだれのもの？

ユダヤ人 VS アラブ人

中東のパレスチナとよばれる地域では、70年以上にわたって土地をめぐる争いが続いています。

小学5年生のソウタ君のクラスでは、世界の紛争について調べ、クラスで話しあうことになりました。お父さんといっしょにテレビのニュースを見ていると、パレスチナとよばれる地域で、ミサイルが飛んでいる映像を見つけました。そのミサイルによって、たくさんの人がけがをしたり、亡くなったりしているようです。

ヨルダン川西岸で、イスラエル軍による攻撃があり、負傷者や死者が出ています。

地中海の東岸にあるよ。その土地をめぐって、長い間、ユダヤ人とアラブ人が戦っているんだ。

パレスチナってどこにあるの？なんでこんなことが起きているの？

パレスチナはどんな場所？

パレスチナはもともと地中海の東側の地域一帯をさします。この地域にある都市、エルサレムはユダヤ教、キリスト教、イスラム教という3つの宗教の重要な拠点で、古い遺跡が残っています。

現在のパレスチナはユダヤ人によってつくられたイスラエルという国と、アラブ人がくらす、パレスチナ自治区（ヨルダン川西岸とガザ地区）に分かれています。イスラエルができる前からパレスチナに住んでいたアラブ人とその子孫をパレスチナ人とよぶこともあります。

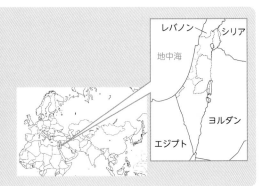

レバノン　シリア
地中海
ヨルダン
エジプト

パレスチナ問題のきっかけは？

　ユダヤ人とアラブ人が土地をめぐって戦っている問題を、「パレスチナ問題」といいます。パレスチナ自治区とイスラエルの戦いは、1948年、アラブ人が住んでいたところに、ユダヤ人がイスラエルを建国したことから始まりました。

　なぜユダヤ人はパレスチナに国をつくったのでしょうか？

もう70年も前から争いは続いているんだね。

なぜパレスチナで戦いが始まったの？

　今から3000年前、パレスチナの土地ではユダヤ人が王国を築いていました。しかし、1世紀にローマ帝国によってほろぼされ、ユダヤ人は国を失って、世界中に散り散りになりました。その後、パレスチナの地にはアラブ人が暮らすようになり、2000年にわたって住みつづけていました。

　20世紀に入ると、ユダヤ人の間でもう一度

パレスチナにユダヤ人の国をつくろうとする「シオニズム運動」が起こります。そして第二次世界大戦後の1947年、国際連合がパレスチナをユダヤ人とアラブ人で分けることを決め、ユダヤ人はイスラエルという国をつくったのです。

　とつぜん土地をうばわれたアラブ人は、イスラエルに攻めこみました。それから今日まで戦争は続いています。

パレスチナのうつり変わり

歴史的パレスチナ
アラブ人がくらす地域

1947年（国際連合が決めた案）
ユダヤ人がくらす地域
エルサレム
アラブ人がくらす地域

2007年
ユダヤ人がくらす地域
アラブ人がくらす地域

著作者：現代企画室『占領ノート』編集班／遠山なぎ／パレスチナ情報センター

考えA
●ユダヤ人●
パレスチナは国連に認められたユダヤ人の土地

迫害されないために自分たちの国がほしい

　ユダヤ人は「ユダヤ教」という宗教を信仰する人びとです。1世紀にパレスチナを追われたユダヤ人は、ヨーロッパやアフリカ、ほかの中東地域で暮らすようになりました。しかし、宗教や生活習慣のちがいから各地でうとまれました。

　とくにヨーロッパでは、はげしい差別にあい、職業や住む場所も制限されました。さらにユダヤ人の大虐殺も起こりました。迫害を受けたユダヤ人は、パレスチナに帰り、自分たちの国をもう一度つくりたいと考えるようになりました。

ユダヤ人の虐殺と国連の決議

　1934年、ドイツの総統になったヒトラーは、「ユダヤ人はおとった人種だ」として、ユダヤ人を徹底的に迫害しました。ポーランドのアウシュビッツを始めとした強制収容所に、罪のないユダヤ人が集められ殺されました。この虐殺によってヨーロッパで600万人のユダヤ人が亡くなりました。

わたしたちユダヤ人は、たくさんの迫害を乗りこえ、ようやく自分たちの国をもつことができたのです。

　戦後、ユダヤ人が虐殺されたことが知られると、世界中から同情が集まり、ユダヤ人が国をつくることを支持する声が高まります。そして、1948年にイスラエルが誕生したのです。

　しかし、イスラエル建国を宣言したよく日、パレスチナやその周辺に住んでいたアラブ人がイスラエルへの攻撃を始めました。ようやく自分たちの国を築いたユダヤ人は、二度と自分たちの国を失いたくないと反撃に出ました。現在、イスラエルはパレスチナの全土に勢力を広げています。

24

2000年前から住んでいたアラブの土地

とつぜん住む場所をうばわれた

第二次世界大戦後の時点では、パレスチナには70万人のアラブ人が暮らしていました。ユダヤ人の人口はその3分の1ほどでした。

しかし、国際連合はアラブ人に断りなく、パレスチナを2つに分け、ユダヤ人にパレスチナの56%を、アラブ人に43%をあたえることを決めたのです。3つの宗教の重要な拠点であるエルサレムはどちらにも属さない国際管理都市としました。この決定はアラブ人にとって、とうてい認められるものではありませんでした。

わたしたちアラブ人は2000年近くもこの地に住んでいます。
だからこの地に住み続ける権利があります。

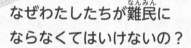

なぜわたしたちが難民にならなくてはいけないの？

イスラエル建国の知らせを聞いたアラブ人は、自分たちの生活を守るために抵抗するしかありませんでした。しかし、戦いはイスラエルに優位に進み、1949年の時点でイスラエルは国連が決めた以上の広い土地を支配するようになりました。

1967年には、パレスチナ全域がイスラエルの支配下に置かれるようになります。度重なる戦争によって、これまでに約639万人のアラブ人が難民となりました。

1993年、イスラエル側とアラブ側のリーダーの交渉によって、イスラエル軍がヨルダン川西岸とガザ地区から撤退し、「パレスチナ自治区」としてアラブ人が統治することが認められました。しかし、現在もガザ地区は高いへいやフェンスで囲まれ、人や物の出入りが制限されています。ヨルダン川西岸ではイスラエルの占領が続き、パレスチナ人が迫害されています。

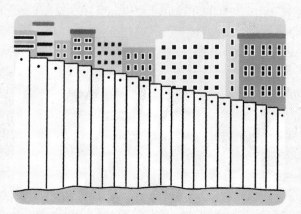

パレスチナ問題が起きたきっかけ

イギリスのユダヤ人への約束

　1世紀にパレスチナの地を追われ、ヨーロッパ各地に定住したユダヤ人の多くは、お金をあつかう金融業（きんゆうぎょう）につきました。ヨーロッパで広く信仰（しんこう）されていたキリスト教は「お金をあつかう仕事はいやしい仕事」として見ていたため、差別を受けていたユダヤ人の仕事になったのです。しかし勤勉（きんべん）に働いたユダヤ人のなかには、金融業（きんゆうぎょう）で成功をおさめ、財産を築く人が増えていきました。

　これに目をつけたのがイギリスでした。20世紀のはじめ、第一次世界大戦をたたかっていたイギリスは、戦費の協力をユダヤ人に求めました。その見返りとして、パレスチナでユダヤ人国家の建国を支援（しえん）すると約束したのです。

考えてみよう！ **テーマ** パレスチナ問題をどう思う？

ユダヤ人の財力やアラブ人の兵力をあてにしたイギリスの責任は大きい。

あちこちで差別されてきたユダヤ人はかわいそう。自分たちの国をもちたいと願っていたのはわかる気がする。

だけど、ずっとその土地に住んでいたアラブ人がいきなり追い出されるのはあんまりだ。

パレスチナ問題が起きた背景には、
何があったのでしょうか？

イギリスのアラブ人への約束

　16世紀以降、パレスチナをふくめた中東地域の大部分はトルコ民族による国家、オスマン帝国が支配していました。オスマン帝国には、さまざまな民族が暮らしていましたが、19世紀になると、アラブ人の間でオスマン帝国から独立しようという動きが起こりました。

　第一次世界大戦でオスマン帝国と敵対していたイギリスは、このアラブ人も利用して、戦いを優位に進めようと考えました。そして、「オスマン帝国に対して反乱を起こしたら、戦後アラブ人の国家の独立を認める」と約束したのです。

　そのうらでイギリスはフランスとも「戦後は、中東地域を分割して支配しよう」という協定を結んでいました。

　第一次世界大戦後、イギリスはフランスとの協定にもとづいて、パレスチナとヨルダンを統治しました。いっぽうでユダヤ人もアラブ人もイギリスとの約束を信じ、パレスチナに自分たちの国をつくろうと、動いていました。

　第二次世界大戦後、戦争で力を失ったイギリスはパレスチナから退き、そのあとのことは国連の判断にまかせました。

　その結果、現在まで続くユダヤ人とアラブ人の対立に発展したのです。イギリスがユダヤ人、アラブ人、フランスとそれぞれ都合のよい約束をしたことも、現在の対立の原因といえます。

アラブ人のことを無視して、パレスチナの分割案を認めた国連のやり方は公平ではなかったと思う。

ヨーロッパで迫害されていたユダヤ人が、今度はアラブ人を迫害しているというのは、悲しい。

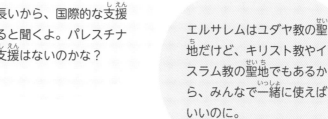

ユダヤ人は迫害されてきた歴史が長いから、国際的な支援があると聞くよ。パレスチナには支援はないのかな？

エルサレムはユダヤ教の聖地だけど、キリスト教やイスラム教の聖地でもあるから、みんなで一緒に使えばいいのに。

「土地をめぐる争い」どう考える？

世界からの関心がカギをにぎる

パレスチナ問題は解決がむずかしい問題です。2000年間国を失っていたユダヤ人たちが、自分たちの国をつくりたいと願ってきたのも、これまで生活してきた土地をとつぜん追い出され、難民となってしまったアラブ人が怒るのも当然のことで、すぐに答えは見つかりそうにありません。

けれども過去には、ほかの国の仲介によって、両者の関係が改善に向かったこともあります。大切なのは、国際社会が「解決すべき問題」として関心をもつことです。

またオスマン帝国が栄えた時代には、ユダヤ人とアラブ人が仲よくともにくらしていたといわれています。当時、なぜそれができたのか調べてみることも解決に向けての参考になるでしょう。

▶ **調べてみよう！** パレスチナ問題を解決するために、これまでほかの国や市民グループはどんなことをしているかな？

これ以上、犠牲者を出さないように、一刻も早い解決策が望まれているよ。

ひとつの国に複数の民族が暮らしている国はたくさんあるよね。そのやり方をまねできないかな？

国同士は戦っているけど、住民どうしで交流して解決の方法をさぐることはできないかな？

ほかの国は一方の肩をもつのではなく、中立の立場に立って和平を結ぶように行動するべき。

アフリカの国境と紛争

国と国の境界となる国境は多くの場合、山や川、湖などの自然の地形にそって決められています。そのため、国境線は曲がりくねっています。けれどもアフリカの地図を見ると、直線の国境が多いことに気づきます。これはかつてアフリカに進出し、植民地としていたヨーロッパの国ぐにが話しあい、緯線や経線をもとに国境を決めたためです。

これによってアフリカの国ぐには、民族、宗教、文化が異なる人びとが強制的にひとつの国になることが起こりました。第二次世界大戦後、アフリカの国ぐには独立を果たしましたが、国内で民族間の対立があちこちで起こったり、資源の奪い合いなどから紛争に発展したりするケースがたくさんあります。

スーダン内戦

19世紀にイギリスの植民地だったスーダンは、アフリカ大陸のアラブ文化圏（中東）とアフリカ文化圏の境界に位置します。支配層である北部のアラブ系住民（イスラム教徒）と南部の黒人系住民（キリスト教徒）の対立により、1955年に内戦が起こりました。2011年に南スーダンが独立しましたが、いまだ内戦は続いています。

コンゴ紛争

19世紀後半からベルギー国王の私有地だったコンゴ。1960年に独立国家となった直後に民族の対立や資源の争奪による内戦が起こりました。2002年末に和平合意が達成されましたが、1998年の第二次紛争ぼっ発以降、この間に約540万人もの人命が失われ、20年後の今日もいまだに和解には至っていません。

ルワンダ大虐殺

19世紀後半のアフリカ分割でベルギー領となったルワンダ。ベルギーの政策により、それまで共に暮らしていたツチ人とフツ人は対立するようになり、民族紛争が起こりました。1994年のわずか100日の間に、約100万人もの犠牲者が出ました。

フランスとイギリスが多くの国を植民地とし、ほかにもヨーロッパのいくつかの国が分割に参加したんだ。

それぞれの国の歴史を調べてみるとよくわかるよ。

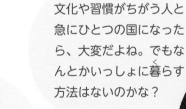

文化や習慣がちがう人と急にひとつの国になったら、大変だよね。でもなんとかいっしょに暮らす方法はないのかな？

考え方のちがう相手と、尊重しあって生きていくには

3つの話題を読んで、あなたはどう思ったかな？

どちらも、悪いことをしてやろうと思って
やっていることではないことがわかったと思う。

考え方や正しいと信じていること、やり方などがちがうことが多いよね。

そんなときには、どうしたらいいと思う？

たとえば…
こうしたら、相手はどう思うかな？
もし、自分がその人だったら、どうかな？
などと、一度立ち止まって考えてみるのはどうだろう？

自分が正しいと思っても、いきなり行動しないで、
ゆっくり深呼吸して、考えてみて、もし、
納得できたら、話し合ってみよう。

相手のどういうことがらを、自分がこまっているのか、
ていねいに、心をこめて伝えてみよう。
そして、相手の言いたいことにも耳をかたむけてみよう。

そうしたら、もしかしたら、相手と握手ができるんじゃないかな。

かんたんに解決することばかりじゃないけれど、
少しでも相手と歩みよってみることが大切なのかもしれないよ。

関連サイトで深めてみよう

6ページから29ページまでで
読んだことをもっと深めてみましょう。
記事の関連サイトURLを紹介します。

移民について調べてみよう

法務省
在留外国人数、国籍別人数、在留資格別人数
https://www.moj.go.jp/isa/publications/
press/13_00033.html

出入国在留管理庁　在留資格一覧
https://www.moj.go.jp/isa/applications/guide/
qaq5.html

JICA　2ページ目　外国人労働量需要量の推計
https://www.keidanren.or.jp/policy/2022/077_
shiryo3.pdf

NHK for school　群馬 大泉町 "外国人20%"の
町で出会った人についていってみた
https://www.nhk.or.jp/maebashi/lreport/
article/000/56/

ウィシュマさん事件経緯
https://www.tokai-tv.com/newsone/
corner/20210618srilankawoman-nyukan.html

ウクライナ難民認定数
https://www.moj.go.jp/isa/content/001373694.
pdf

アフガニスタン難民認定数
https://www.jiji.com/jc/
article?k=2023071200704&g=pol

難民認定率推移
https://www.refugee.or.jp/report/
refugee/2023/03/recog22-2/

佐渡金山について調べてみよう

佐渡島の金山
https://www.sado-goldmine.jp/

文化庁　佐渡島金山
https://www.bunka.go.jp/seisaku/bunkazai/
shokai/sekai_isan/suisenchu/pdf/93827301_01.pdf

明治日本の産業革命遺産と強制労働
https://ksyc.jp/sinsou-net/2017_unesco_
guidebook_j_20180131.pdf

日韓請求権協定原文（外務省）
https://www.mofa.go.jp/mofaj/gaiko/treaty/pdfs/
A-S40-293_1.pdf

イスラエルとパレスチナについて調べてみよう

パレスチナ地図
https://www.flickr.com/photos/palestinesolidarityc
ampaign/16035181719/

JICA「世界難民の日」パレスチナの現場から
深刻化する世界の難民問題を考える
https://www.jica.go.jp/Resource/
topics/2023/20230608_01.html

＊イスラエルとパレスチナの間では、2024年現在も闘いが続い
ています。新聞を読んだり、テレビのニュースを見たりしましょ
う。

関連サイトの記事のなかで
興味のあることが見つかったら
その言葉をキイワードにして
もっと調べてみよう。

●企画・監修・執筆

小林 亮 (こばやし まこと)

玉川大学教育学部教授。心理学博士。臨床心理士・公認心理師。慶應義塾大学文学部卒業。同大学院修士課程（教育心理学）修了後、ドイツ学術交流会（DAAD）奨学生として、コンスタンツ大学にて心理学の博士号を取得。パリのユネスコ本部教育局でインターンを行う。2003年より現職。日本国際理解教育学会常任理事（国際委員長）。日本シティズンシップ教育学会副会長。日本学術会議フューチャーアース教育人材育成分科会特任連携委員。日本ESD学会理事（編集委員長）。SDGs指導力育成をめざした教師教育プログラムを開発、実施している。研究テーマは、ユネスコの地球市民教育（GCED）における葛藤解決能力の分析と多元的アイデンティティ。主な諸著に「ユネスコスクール － 地球市民教育の理念と実践」（明石書店，2014年）、「世界を変えるSDGs」（あかね書房，2020年）など。

●構成・編集	永田早苗
●執筆協力	野口和恵
●デザイン	鷹觜麻衣子
●イラスト	田原直子

[参考文献]

P6-13
「ふたつの日本「移民国家」の建前と現実」望月優大（講談社）
「クラスメイトは外国人　課題編」（明石書店）

P14-21
「『徴用工』問題とは何か」波多野澄雄（中公新書）
「見えない戦争」田中均（中公新書ラクレ）
「悪韓論VS悪日論」井上和彦・金慶珠（双葉社）
「クラスメイトは外国人　課題編」（明石書店）

P22-29
「そうだったのか！　現代史」池上彰（集英社）

君たちはどう乗り越える？
世界の対立に挑戦！
❸共生はどこにある？

2024年2月29日　第1版第1刷発行　　　　　　　　　　　　　NDC319

発行者　　竹村正治
発行所　　株式会社 かもがわ出版
　　　　　〒602-8119　京都市上京区出水通堀川西入亀屋町321
　　　　　営業　TEL：075-432-2868　FAX：075-432-2869
　　　　　編集　TEL：075-432-2934　FAX：075-417-2114
　　　　　振替　01010-5-12436
　　　　　http://www.kamogawa.co.jp

印刷所　　株式会社光陽メディア